Wenn meine Erfahrungen und mein Wissen
Deine Zukunft positiv beeinflussen,
ist das Ziel dieses Buches erreicht.

Frank Bauer

Für Nan, Jannik, Emma-Sophie und Matteo,
die mit mir meinen Weg zur Freiheit gehen.

Frank Bauer

Weiterbildungs-
wegweiser

Der Weg zur Freiheit

© 2020 Frank Bauer
Umschlag, Illustration: Frank Bauer,
und Jannik, Matteo, Emma-Sophie
Information: Inspirationen siehe Literaturverzeichnis

Verlag & Druck: tredition GmbH, Halenreie 40-44, 22359 Hamburg

ISBN
Paperback   978-3-347-02785-5
e-Book   978-3-347-03157-9

Ebenfalls im Verlag erschienen:
"Limited Edition: So verdienst Du 1 Mio. Euro mehr"

ISBN
Paperback   978-3-347-03158-6
Hardcover   978-3-347-03159-3
e-Book   978-3-347-03160-9

Inhaltsverzeichnis

Der Weg zur Freiheit

Kernaussage 1:
Weiterbildung ist der Weg zur Freiheit!

D a liegt er vor mir. Der Zettel, der die letzten 3 Jahre berufsbegleitender Weiterbildung dokumentiert. Dieses Gefühl, wenn Deine Frau Dir eine Nachricht schickt, dass Post der Hochschule im Briefkasten ist. Ein großer Umschlag, gut gepolstert, das kann nur das Zertifikat der Hochschule sein.

Ich bin MBA – Master of Business Administration. Schwarz auf weiß, von einer staatlichen deutschen Hochschule in einem anerkannten und akkreditierten Studiengang bestätigt. Und das als Realschüler mit anschließender Berufsausbildung. Dazwischen liegen allerdings 10 aneinandergereihte Jahre berufsbegleitender Weiterbildung. In meinem Fall auf circa 18 Jahre verteilt.

Ich hol den Whiskey aus dem Schrank, der schon seit einigen Monaten darauf wartet, an diesem Abend geöffnet zu werden. Eine halbe Stunde für mich. Nur ein Tisch, ein Glas Whiskey und der DIN A3 Zettel vor mir.

In dem Moment wird Dir klar, dass Du alles richtig gemacht hast.

Du

An dieser Stelle kommt ein kurzer redaktioneller Hinweis. Das Buch ist in

der männlichen Ansprache gehalten. Selbstverständlich möchte ich ebenso weibliche Leserinnen und diverse andere Geschlechter ansprechen.

Ich schreibe bewusst in der Du Form. Meiner Erfahrung nach duzen sich alle Weiterbildungsteilnehmer bereits zu Beginn oder nach kurzer Zeit, unabhängig von der sozialen Herkunft oder dem Bildungsniveau.

Felsenfeste Überzeugung

Kernaussage 2:

Weiterbildung ist die Grundlage zur Erfüllung Deiner Lebensziele!

Auf den nächsten wenigen Seiten möchte ich Dir einen kleinen Einblick in meinen bisherigen Werdegang geben. Das ist nicht als Prahlen zu verstehen, sondern soll Dir zeigen, dass ein frühzeitig verstandenes Weiterbildungs-Mindset die Grundlage zur Erfüllung der meisten Deiner Lebensziele ist. Davon bin ich felsenfest überzeugt.

Mit 16 Jahren habe ich die Ausbildung zum Industriemechaniker begonnen. Das ist erst einmal unspektakulär und nichts Besonderes. Danach bin ich in die Produktentwicklung als technischer Zeichner gewechselt. In den folgenden Jahren konnte ich mich über den Detailkonstrukteur zum Entwicklungsingenieur hocharbeiten. Aus dieser Position heraus habe ich als Projektleiter für Neuprodukte letztendlich den Schritt in Richtung Produktmanagement gewagt und bin jetzt als Produktmanager tätig.

Dieser Karriereweg wäre ohne intensive berufsbegleitende Weiterbildungs- und Aufstiegsfortbildungen nicht möglich gewesen. Während meiner Tätigkeit als technischer Zeichner habe ich 4 Jahre lang berufsbegleitend die Technikerschule im circa 85 km entfernten Nürnberg besucht. Das war die zeitlich längste Aufstiegsfortbildung und die Bildungsart mit den meisten Stunden im Klassenzimmer. Für diese Art des Abschlusses gibt es verschiedene Formen, wobei ich mit 4-mal Abendunterricht in der Woche gefühlt die anspruchsvollste ausgewählt habe. Später habe ich den technischen Betriebswirt an der Industrie- und Handelskammer belegt. Das war 2 Jahre berufsbegleitend. Wöchentlich freitags und samstags waren die Vorlesungen in der IHK. Diese beiden Aufstiegsfortbildungen waren der Grundstein für die

Entwicklung vom technischen Zeichner zum Projektleiter. Zwischen diesen größeren Weiterbildungen habe ich zum Beispiel den Projektleiter IHK im wiederum circa 80 km entfernten Bayreuth bestanden. Die Lehreinheiten waren in diesem Fall 2-mal wöchentlich am Montag- und Mittwochabend. Den krönenden Abschluss hat dann das berufsbegleitende Studium an der Hochschule Koblenz am RheinAhrCampus gebildet. Das waren 5 Semester. Das erste Semester war sicherlich das schwierigste. An 5 Samstagen waren Präsenzveranstaltungen. Zu Semesterende waren dann 7 Klausuren zu schreiben. Gerade diese Klausurenphase war neben dem Berufsalltag und der Familie extrem herausfordernd.

Familie, die gibt es da natürlich auch noch. Ich habe 3 Kinder, wobei mein ältester Sohn fast alle meine Weiterbildungen miterlebt hat. Meine Tochter und mein jüngster Sohn sind dann im Laufe der Jahre geboren. Alle 3 sind es quasi gewohnt, dass der Papa immer mal wieder irgendeine berufsbegleitende Weiterbildung macht. Ohne die Unterstützung meiner Frau wäre dieses Familienleben nicht möglich gewesen.

Insgesamt komme ich im Jahre 2019 auf 25 Jahre Berufserfahrung und knapp 10 Jahre berufsbegleitende Weiterbildung oder Aufstiegsfortbildung. Hätte ich die Aufstiegsfortbildungen und die damit erleichternde Übernahme höherwertiger Arbeitsstellen nicht ausgeübt, könnte ich mir meinen heutigen Luxus – ein Haus, mehrere Autos, Urlaube… - nicht leisten.

Die großen Säulen der Sicherheit im Leben sind durch die kontinuierliche Weiterbildung mehr als gefestigt. Beruf und Arbeitsplatzsicherheit und die damit verbundenen finanziellen Möglichkeiten sind solide und stabil im Laufe der Jahre gewachsen und können nicht von heute auf morgen einfach so zusammenbrechen.

Nachdem ich viele Bücher und Ratgeber gelesen habe, möchte ich meine Erfahrungen und mein Wissen im Rahmen dieses Buches weitergeben. Mal sehen, wie dieses Werk mein und Dein Leben verändern wird!

Was ist Weiterbildung?

Weiterbildung. Was ist damit eigentlich gemeint? Ich möchte hier nicht zu theoretisch werden und auf die Detailunterschiede von Weiterbildung, Fortbildung, Schulung, Aufstiegsfortbildung usw. eingehen. Dennoch habe ich eine kleine Zusammenfassung aus unterschiedlichen Quellen zur Verdeutlichung des Begriffs in diesem Kapitel erzeugt.

Unter Weiterbildung kann die Vertiefung, Erweiterung oder Aktualisierung von Wissen, Fähigkeiten und Fertigkeiten, welche Du heute schon besitzt, verstanden werden.

Der Markt für Weiterbildung ist riesig. Wenn Du Dich mit dem Thema beschäftigst und Dich weiterbilden möchtest, kann das umfangreiche Angebot erst einmal negativ wirken. Vieles spricht jedoch dafür, sich durch diesen Wirrwarr durchzukämpfen.

Gerade in Industriestaaten wie Deutschland oder anderen Ländern werden immer häufiger Themen wie Fachkräftemangel oder Wettbewerb aus Billiglohnländern diskutiert. Damit ist die Sorge um den sicheren Arbeitsplatz oder die wirtschaftliche Zukunft ganzer Industriezweige verbunden.

Aus meiner Sicht ist die beste Reaktion auf diese Gefahr die Übernahme der Verantwortung für sich selbst und die aktive Gestaltung der eigenen Zukunft. Selbst wenn Du bereits großartige Abschlüsse oder Zertifikate erworben hast, sichert das nicht Deinen Job, Deine finanzielle Situation oder den Wettbewerbsvorteil gegenüber der Konkurrenz. Aus meiner Sicht ist Weiterbildung der einzig realistische Weg, um mit gesundem Selbstvertrauen in die Zukunft zu blicken.

Weiterbildung ist der wahre Weg zur Freiheit!

Warum weiterbilden?

Weiterbildung ebnet Dir den Weg zur Freiheit. Du suchst Dir den Job Deiner Träume aus. Du verdienst genügend Geld als Arbeitnehmer, Selbständiger oder Besitzer. Auf den folgenden Seiten gehen wir auf die unterschiedlichen Facetten ein.

Wachsen in den wichtigsten Lebensbereichen

Kernaussage 3:

Durch Weiterbildung wächst Du in allen Lebensbereichen!

Im Leben gibt es fünf elementare Bereiche. An erster Stelle kann die Gesundheit genannt werden. Vernachlässige bei allen Bestrebungen im Beruf und der Weiterbildung nicht Deinen Körper. Ernähre Dich gesund und sorge für ausreichenden Schlaf. Pflege Deine Beziehung zu Deiner Familie und zu Freunden. Die Unterstützung Deiner liebsten

Mitmenschen wird Dir bei beim Durchhalten der Weiterbildung enorm helfen. Suche einen Job, der dir Spaß macht und herausfordernd ist. Sobald Du merkst, dass Du Dich zur Arbeit quälst oder tagein tagaus das Gleiche zu tun ist, solltest Du etwas verändern. Die Weiterentwicklung im Job wird sich positiv auf Deine Finanzen auswirken. Mit jedem beruflichen Aufstieg oder jeder Spezialisierung hast Du gute Verhandlungsargumente für verbesserte Leistungen. Jeder bekommt das Einkommen, dass er aufgrund seiner Einstellung und den Ergebnissen verdient. Und das können wir direkt beeinflussen. Insgesamt werden sich Deine Emotionen positiv ausrichten und leiten lassen.

Vor einigen Jahren habe ich begonnen, mehrere Bücher pro Jahr zu lesen. Zuerst hatte ich auch die Glaubensätze, dass Bücher aus der Kategorie Ratgeber für Leben, Familie oder Finanzen eher nur Zeitverschwendung und langweilige Lektüre sind. Die Einstellung hat sich allerdings schnell verändert, nachdem ich wirklich gute Bücher gelesen habe. Und, aus jedem Buch habe ich immer einige Punkte für mein weiteres Leben nutzen können.

Deine Lebensziele

Die oft empfohlene Grundlage zur Zielerreichung lautet, das Ziel zu Projektbeginn zu visualisieren, aufzuschreiben und es mit anderen zu besprechen.

Ziele können dabei nicht groß genug sein. Hier möchte ich auf anscheinend zwei unterschiedliche, sich wiedersprechende Definitionen eingehen. Zum einen sollen Ziele SMART sein. Also spezifiziert, messbar/machbar, attraktiv/akzeptiert, realistisch und terminiert. Ziele sollten demnach realistisch sein. Dem gegenüber gibt es die Aussage, dass Ziele so groß und unrealistisch sein müssen, dass sie sich überhaupt lohnen. Meiner Meinung nach müssen wir uns nur Klarheit über diese beiden Definitionen schaffen. Nimm Dir beispielsweise vor, die Abteilungsleitung in 3 Jahren zu übernehmen. Aus Deiner aktuellen Situation als Sachbearbeiter ist das gegebenenfalls eher unrealistisch. Wenn dabei aber als realistische Zwischenziele die Übernahme einer außergewöhnlichen und wichtigen Abteilungsaufgabe und eine konkrete Weiterbildungsmaßnahme zur Führungsaufgabe abgeleitet werden, sind das sicherlich erreichbare Ziele, die gegenüber anderen Mitbewerbern einen strategischen Vorteil darstellen können. Die kurzfristigen Ziele sind realistisch aufzustellen.

Der eigentliche Nutzen ist die persönliche Weiterentwicklung bei der Durchführung der Teilschritte. Übernehme Verantwortung und lass Dich von niemandem von diesen Teilzielen abbringen. Konzentriere Dich bei den Teilzielen konsequent auf Deine Stärken und überlege, was Dich gegenüber anderen einzigartig macht. Du musst nicht in allen Themen besser als die anderen sein. Entscheidend ist vielmals die Andersartigkeit.

Vorbereitung auf schlechte Zeiten

Kernaussage 4:

Weiterbildung gibt Dir Sicherheit!

Im Laufe eines Berufslebens gibt es immer wirtschaftliche Auf und Abs. Fallen die Abs heftiger aus und die Firma kommt in finanzielle Schwierigkeiten müssen oft einige Arbeitnehmer entlassen werden. In diesen Zeiten trifft es leider oft die Mitarbeiter, die direkt in der Produktion beziehungsweise der Montage der Bauteile beteiligt sind. Wenn Du höher in der Hierarchie aufsteigst, kannst Du dem Ganzen etwas gelassener entgegenblicken.

Der Meister einer Fertigungseinheit zum Beispiel wird auch noch benötigt, wenn nur 70% Abteilungsauslastung über mehrere Monate ansteht. Werden 40 Mitarbeiter vorübergehend auf 35 reduziert, ist dennoch die Fertigung zu planen und zu steuern.

Ein zweiter Ansatz ist die Bestrebung, immer näher an die Kernabteilungen des Unternehmens heranzukommen. Der Abbau von Mitarbeitern oder das komplette Outsourcen von Abteilungen trifft eher selten auf die Abteilungen zu, die das geistige Knowhow der Firma darstellen. Das können beispielsweise das Produktmanagement mit der Unternehmensstrategie und dem Branchenwissen oder die Entwicklungsabteilung mit dem technischen Konstruktionsknowhow sein.

Bei allem kollegialem Miteinander kann es in diesen schwierigen Zeiten schon einmal zu unterschiedlichen Ansichten kommen, gerade wenn das Entlassungsgespenst durch die Abteilung zieht. Mach nicht den Fehler die Konkurrenz zu überschätzen, und Dich zu unterschätzen. Du kannst mehr als Du glaubst.

In dem Zusammenhang und zur Stärkung des Selbstbewusstseins ist es sehr hilfreich, ein Erfolgsjournal zu führen. Du trägst täglich alle guten und auch alle schlecht gelaufenen Dinge ein. Das kann beruflich und privat sein. Notiere dir auch, warum etwas gut gelaufen ist. Bei negativen Einträgen hilft es dir am meisten, wenn Du schonungslos aufschreibst, was Du nicht getan hast, um erfolgreich zu sein. Daraus kannst Du dann für zukünftige Herausforderungen ableiten, wie Du an die Themen bestmöglich herangehen solltest. Deine Arbeitsergebnisse werden sich stetig verbessern und positive Abschlüsse werden sich häufen. Das entgeht auch nicht Deiner Führungskraft. Eine bessere Vorbereitung auf schlechte Zeiten gibt es quasi nicht.

Mitstreiter und Konkurrenz

Dein Umfeld und Deine Mitmenschen beeinflussen Dich täglich. Vielleicht hast Du auch diesen einen Kollegen, der ein besseres Bildungsniveau hat als Du. Oder er liefert einfach bessere Ergebnisse oder mehr Ergebnisse. Bei mir hat das immer etwas bewirkt. Ich hatte immer das schlechte Gefühl, im Nachteil zu sein, hinter den anderen zurückzufallen oder auf der Stelle zu stehen, während andere vorankommen und immer mehr Ansehen erhalten.

Es geht nicht darum, Feindbilder aufzubauen. Ganz 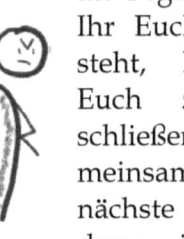 im Gegenteil, wenn Ihr Euch gut versteht, könnt Ihr Euch zusammenschließen und gemeinsam die nächste Weiterbildung in Angriff nehmen.

Es gibt die Aussage, dass Du immer das Mittel der 5 Hauptpersonen bist, die die meiste Zeit mit Dir verbringen. Wenn Du im Bereich der Weiterbildung oder dem Bildungsabschluss bereits der Beste bist, solltest Du nach jemandem suchen, der Dir wiederum einen Schritt voraus ist. So vermeidest Du Stillstand und dass Du im Vergleich zu anderen Gruppen zurückfällst.

Für Deine Entwicklung ist Konkurrenz gut. Sie kann Dir ungeahnte Kräfte geben oder die Grundlage Deiner Motivation sein. Das kann mehr motivieren als all die anderen gesteckten Ziele.

Der Umgang mit Deiner Zeit

Kernaussage 5:

Mit Weiterbildung nutzt Du Deine Zeit sinnvoll!

Deine Lebenszeit ist je nach Geschlecht und Lebensort unterschiedlich lang. Eines ist jedoch sicher: Sie

ist begrenzt. Die wenigsten werden in der Lage sein, ihre komplette Zeit frei zu gestalten, um täglich das zu tun, was Ihnen Spaß macht. In der Regel verbringst Du 7 - 8 Stunden auf der Arbeit und schläfst 6 – 8 Stunden täglich. Du entscheidest, was Du in den übrigen 11 – 8 Stunden unternimmst.

Hier gibt es zwei Arten von Einstellungen. Die einen jammern über alles Mögliche und warten darauf, dass Ihnen alles in den Schoß fällt. Und die anderen sind aktiv und holen sich, was sie wollen.

Natürlich sollst Du Deine anderen Lebensbereiche nicht vernachlässigen. Deine Gesundheit, Familie und Freunde und einfach nur der Spaß am Leben dürfen nicht zu kurz kommen. Allerdings findet jeder ein paar Stunden pro Woche, um sich weiterzubilden. Bei den heutigen Möglichkeiten der Kommunikation sind die unterschiedlichsten Angebote im Markt vorhanden.

Niemand sagt, dass Du jedes Jahr, jeden Monat und jede Woche viele Stunden in Weiterbildungsmaßnahmen verbringen sollst. Aber mit Fokussierung, mit effektiven Maßnahmen und einer effizienten Durchführung werden ganz andere Dinge im Leben möglich.

Weiterbilden, auch ohne große Ziele

Weshalb Du Dich weiterbilden solltest, auch wenn Du keinen anderen Job oder mehr Geld anstrebst? Du wirst in einem bestimmten Gebiet zum Experten. Oder Du erweiterst Dein Allgemeinwissen und stärkst somit Deine Persönlichkeit.

Eine Weiterbildung anzugehen, durchzuziehen und abzuschließen, zeugt schon einmal von einer starken Persönlichkeit. Du unterscheidest Dich in diesem Moment bereits von vielen anderen, die zu faul, unerfahren oder zu blauäugig in den Tag hineinleben. Du baust automatisch mit jeder Weiterbildungsmaßnahme mehr Selbstbestimmtheit auf und reifst auf Deinem persönlichen Weg zur Freiheit. Deine Substanz wird breiter und gefestigter, und Du erweiterst sukzessive Dein Wissen und Deine Kompetenz. Das bringt Dir mehr Anerkennung und Status.

Zu dem gewählten Thema bekommst Du wesentlich mehr Tiefgang und kannst generelle Fragestellung besser verstehen und einordnen. Du entwickelst zu einem Thema mehr Empathie und verstehst viel mehr, was Leute, die sich zu einem Thema positionieren, bewegt. Solltest Du auf Deinem weiteren Lebensweg dann mit dem Sachverhalt konfrontiert werden, fällt Dir die Einarbeitung wesentlich leichter und Du kannst Deine Gedanken deutlich schneller sortieren und Wichtiges von Unwichtigem trennen.

Deine Entscheidung

Kernaussage 6:

Ja zur Weiterbildung ist die richtige Entscheidung!

Wenn Du Dich seit einiger Zeit mit einer Weiterbildung beschäftigst, musst Du Dich entscheiden, ob  Du Dich anmeldest oder nicht. Wenn Du diese Herausforderung nicht angehst, wirst Du nie erfahren, ob es eine gute Entscheidung ist. Vertraue darauf, dass Du mit dieser neuen Situation zurechtkommst.

Wirklich erfolgreiche Menschen treffen ihre Entscheidungen danach, was sie tatsächlich im Leben erreichen wollen. Wenn Du weißt, wohin Du möchtest, ist die Entscheidung einfach.

Sammle Vor- und Nachteile und überlege Dir die Konsequenzen aus der Entscheidung. Es werden mehr Vorteile auf der Liste stehen.

Manchmal sind es die einfachen Dinge, die wir tun müssen. Wir kennen alle die magischen Worte eines großen Sportartikelherstellers: JUST DO IT!

Es wird vermutlich nie einen besseren Moment als jetzt geben. Jedem ist klar, dass eine große Masse aus der Ruheposition nur mit hohem Energieaufwand in Bewegung versetzt werden kann. Ist diese Masse erst einmal in Bewegung, kann sie nur schwer aufgehalten werden. Ein gutes Beispiel ist ein Supertanker. Wenn der einige Knoten Geschwindigkeit hat, kann er kaum gebremst werden: Dann kann noch eher die Richtung geändert werden. Das ist auch bei jeder Entscheidung möglich. Je nach Tragweite einfacher oder schwieriger. Aber die Korrektur ist möglich und situativ manchmal auch notwendig.

Einige Menschen fühlen sich erst dann gut für eine Entscheidung vorbereitet, wenn sie die perfekte Strategie ausgearbeitet und jeden einzelnen Schritt durchdacht haben. Die Gefahr dabei ist, nie eine Entscheidung zu treffen. Beginne einfach und verfeinere den Plan während der ersten Schritte.

Du selbst hast die Freiheit zu entscheiden, was Du wann mit wem unternimmst! Und wenn Du nicht für Dich entscheidest, werden es vielleicht andere tun.

Glaubenssätze und Zitate der Literatur

In den folgenden Seiten habe ich einige Zitate von Persönlichkeiten eingefügt. Die Liste könnte endlos erweitert werden. Gerade in den unterschiedlichen Phasen einer Weiterbildung kann ein passendes Zitat den entscheidenden Motivationskick geben. Vielleicht ist eines für Dich in Deiner aktuellen Situation dabei.

Dirk Kreuter

„Unsere Einstellung können wir einstellen!"

„Dein Umfeld formt Deinen Charakter."

„Der größte Wettbewerbsvorteil ist Umsetzung."

„Es gibt zwei Arten von Menschen: Die, die rausgehen und sich holen, was sie wollen, und die anderen."

„Man verschiebt so viel auf später. Später muss grandios werden"

„Alle wollen essen. Doch nur wenige sind auch bereit zu jagen."

„Erfolgreiche Menschen tun Dinge, die andere nie tun werden!"

Russel Crowe

„Ich bin nicht arrogant. Nur fokussiert."

Estée Lauder

„Ich habe niemals an den Erfolg geglaubt. Ich habe dafür gearbeitet."

Stephen Covey

„Ich bin kein Produkt meiner Umstände. Ich bin ein Produkt meiner Entscheidungen!"

Calvin Hollywood

„Was interessiert es den Löwen, was die Schafe über ihn reden"

Vince Lombardi

„Erfolg verlangt Fokussierung."

Das sind nur einige Beispiele von Zitaten, die je nach individueller Situation neue Motivation bringen können.

Wie weiterbilden?

Wenn Dir klar ist, dass Weiterbildung absolut notwendig ist und Du verstanden hast, dass das Ganze auch noch eine Menge Spaß macht, hast Du generell schon einmal das Warum verstanden. Jetzt gehen wir näher auf die Frage „Wie weiterbilden?" ein.

Machen

Kernaussage 7:

Melde Dich einfach zur Weiterbildung an!

Es gibt erfolgreiche Menschen, und es gibt Menschen, die immer nur reden und von irgendwelchen Zielen träumen. Der Unterschied liegt zweifelsfrei im Tun! Natürlich gibt es einige Punkte zu beachten. Gerade wenn es sich um eine umfangreiche zeit- oder kostenintensive Weiterbildung handelt.

Wenn das Warum klar ist, musst Du dazu übergehen, die wie-Fragen zu stellen. Dann findest Du auf die unterschiedlichen Hürden auch umsetzbare Antworten.

Bei mir war es meistens recht einfach. Ich habe immer einige Zeit mit dem Gedanken zu einer spezifischen Weiterbildung gespielt und eines Tages war klar, dass ich das durchziehe.

Der wichtigste Schritt ist folgender: Melde Dich einfach an!

Danach musst Du nur noch diszipliniert an dem Thema dranbleiben und alle erforderlichen Dinge abarbeiten. Dann unterscheidest Du Dich bereits vom Rest, der nur über Weiterbildung redet. Du machst den Unterschied, denn Du gestaltest aktiv Deine Zukunft.

Positionierung

Kernaussage 8:

Weiterbildung hilft Dir, Dich zu positionieren!

Erfolgreiche Menschen haben eine klare Positionierung. Oft stehen Sie für eine Botschaft, die Sie symbolisch wie eine Fahne täglich mit sich tragen. Das kann zum einen die Positionierung als Experte sein.

Du kannst zum Beispiel bei jedem als Schweißspezialist für die unmöglichsten Metallverbindungen oder als Excelgenie für die umfangreichsten und kompliziertesten Zusammenhänge gelten.

Vielleicht möchtest Du Dich nicht in ein spezielles Gebiet vertiefen, dann sind klare persönliche Eigenschaften ebenfalls als Positionierung zu sehen. Du baust alle Deine Vorhaben mit einer augenfälligen Struktur auf, die für jeden nachvollziehbar und schnell verständlich visualisiert werden? Auch prima, mit dieser Eigenschaft kannst Du generell in unterschiedlichen Funktionen tätig sein, ohne Dich in einer Nische zu positionieren. Unabhängig davon, wofür Du Dich entscheidest, wirst Du auf Deinem Gebiet als Autorität gelten und Dir einen Namen machen.

Oft haben Kollegen ein Problem bei ihren Aufgaben, oder Chefs gegenüber deren eigenen Vorgesetzten Ergebnisse vorzuweisen. Mit Deiner Positionierung kannst Du Lösungen liefern? Perfekt, dann hast Du alles richtig gemacht!

Fokussierung, Effektivität und Effizienz

Kernaussage 9:

Weiterbildung muss im Fokus stehen!

Zum Thema Fokussierung gibt es zahlreiche Bücher. Im Kern handeln sie darum, die Energie auf eine Sache zu konzentrieren. Die wichtigsten Aufgaben werden dabei in einer Wochen- und Tagesübersicht fest eingeplant. Bei der aktiven Bearbeitung muss maximale Konzentration möglich sein. Das bedeutet, dass alle Ablenkungen ausgeschlossen werden. Die verfügbare Zeit muss effizient genutzt werden, denn solange wir hoch produktiv sind, kommen wir mit sehr großen Schritten voran.

Es ist von entscheidender Bedeutung, dass die wichtigen Dinge von den Unwichtigen getrennt werden. Beginne die wichtigen Dinge so schnell wie möglich, damit erst gar keine „Aufschieberitis" entstehen kann.

Wenn Du bei Deinem aktuellen Arbeitgeber aufsteigen möchtest, hilft oft auch ein Blick auf die Lebensläufe der erfolgreichsten Mitarbeiter. Welche Weiterbildungen bzw. welche Abschlüsse haben diese Kollegen? Spreche mit den Leuten, die bereits dort sind, wo Du hinmöchtest. Ein persönliches Gespräch kann Dir Informationen bringen, die Du im Normalfall niemals erhalten hättest. Welche Gemeinsamkeiten erkennst Du?

Beachte bei der Auswahl Deiner Weiterbildungen die Gesetze der Effektivität. Effektivität bedeutet, die richtigen Dinge zu tun. Also die richtigen Weiterbildungen. Es nutzt nichts, wenn Du ein 1-Tagesseminar für 1.000 € belegst, das Dir etwas vermittelt, das Dich in Deinen Kernarbeiten nicht weiterbringt. 3.000 € in eine Aufstiegsfortbildung mit 400 Unterrichtseinheiten und in einen allgemein anerkannten Abschluss zu investieren, kann für Deine weitere berufliche Karriere schon sehr effektiv sein.

Befindest Du Dich dann in einer Weiterbildung, ist es notwendig, auf die Effizienz zu achten. Effizienz bedeutet, die Dinge richtig zu tun. Konzentriere Dich also auf die Weiterbildungsinhalte und gestalte den Ablauf so ökonomisch wie möglich. Fokussiere Dich auf die wichtigsten Inhalte und versuche, mit möglichst geringem Aufwand circa 80% der wesentlichen Kernpunkte zu verstehen. Die restlichen Prozent kannst Du immer noch erarbeiten, wenn Zeit dafür ist, oder Du eine ungefährdete

1 im Zeugnis stehen haben möchtest. Das angedeutete Pareto-Gesetz gilt im Prinzip in allen Bereichen des Lebens. 20 Prozent des Inputs sind für 80 Prozent des Outputs verantwortlich.

Nimm Dir Zeit, um über die Inhalte der Weiterbildung nachzudenken. Du musst nicht jedes empfohlene Buch lesen und studieren. Entscheide, welche Informationen definitiv wichtig sind, und welche aufgrund des Zusammenhangs nur kurz überflogen werden. Zentrale Frage ist, welche Informationen Du für Deine angestrebte Tätigkeit oder für die anstehenden Prüfungen unumgänglich benötigst.

Erst einmal angenommen, Du arbeitest Dich in ein Thema tief ein und stellst unterwegs fest, dass die Informationen nicht weiterführend sind, dann gib diesen Weg auf. Das ist viel hilfreicher als sinnlos das Thema weiter zu durchdringen und vom Wesentlichen abzukommen.

Nur Du allein entscheidest, welche Themen für Dich wichtig sind. Nicht irgendein Lehrplan oder übereifriger Dozent.

Der wichtige erste Schritt

Du musst Dich auf eine Sache konzentrieren, damit Du Deine Ziele erreichst. Die spannende Frage ist natürlich, welcher der erste Schritt zu Deinen Zielen ist. Welchen Baustein musst Du wie bei einem Dominoeffekt umwerfen, damit die Kettenreaktion in Gang gesetzt wird?

Jede Weiterbildung kann in Deinem Leben der erste oder nächste wichtige Schritt für Deine außergewöhnlichen Ergebnisse sein. Deine Ergebnisse bauen aufeinander auf und werden mit jedem Mal besser.

Erfolgreiche Weiterbildungsteilnehmer wissen das. Der erste Schritt kann ein Buch – zum Beispiel welches Du gerade liest – sein. Oder eine Internetrecherche. Aus meiner Sicht ist in der Dominosteinfolge der der Wichtigste, der die Anmeldung symbolisiert. Das ist mein persönlicher Schlüssel zum Erfolg. Einfach anmelden! Das kommt hoffentlich mehrmals in diesem Buch als Hinweis bei Dir an.

Es gibt eine weitere Aussage. Niemand ist ohne die Hilfe von Mitmenschen erfolgreich. Da gibt es immer einen, der Deine Persönlichkeit mit formt oder beeinflusst: Deine Eltern, Dein Partner, Deine Arbeitskollegen oder Freunde.

Tatsache ist, dass der erste Stein oft direkt vor unseren Augen liegt. Du musst ihn nur sehen und die richtige Entscheidung treffen. Im Laufe der Zeit und nach mehreren Weiterbildungen wird sich Dein Gespür für die wichtigen Schritte weiterentwickeln und irgendwann einmal glasklare Entscheidungen ermöglichen. Falls Du gerade in jüngeren Jahren unsicher bist, helfen Gespräche mit erfahrenen Menschen.

Vielleicht hast Du auch schon ein Brainstorming durchgeführt und viele anstehende Aufgaben zusammengesammelt. Dann ist der nächste Schritt, in mehreren Durchgängen die Prioritätsfrage zu stellen und Zyklus für Zyklus die eine erste Aufgabe festzustellen.

Gleichzeitig musst Du auch die Fähigkeit entwickeln, zu allem Unwichtigem nein zu sagen. Mach nicht den Fehler, einfach wahllos einen Punkt nach dem anderen auf Deiner Liste abzuarbeiten. Erfolgreich bist Du nur, wenn Du die wichtigen Aufgaben erledigst. Dieses Prinzip kannst Du speziell zur Bewältigung des Lernstoffes und in der Vorbereitung auf Prüfungen nutzen!

Fakt ist definitiv, dass Multitasking vom Wesentlichen ablenkt und die Verzettelung und halbherzige Abarbeitung von Aufgaben vorprogrammiert ist. Denke an Hochleistungscomputer. Diese verarbeiten eine Information nach der anderen. Dafür aber hochkonzentriert und je nach Leistungsfähigkeit in hohem Tempo, ganz zu schweigen von der Fehleranfälligkeit beim Multitasking. Unachtsamkeiten und speziell schlecht getroffene Entscheidungen können sich später bitter rächen.

Disziplin

Wenn Du jemanden kennst, der kontinuierlich eine Weiterbildung nach der anderen absolviert, ist Dir selbst eventuell schon einmal die Frage in den Kopf gekommen, wie derjenige so viel Selbstdisziplin aufbringen kann. Vielleicht bist auch Du derjenige, den andere für diese stetige Ausdauer und dieses eigenständige Verhalten bewundern.

Grundlage für Selbstdisziplin ist zum einen die Einstellung, etwas bis zum Ende durchzuziehen und gleichzeitig die Angewohnheit, sinnvolle Verhaltensweisen immer wieder anzuwenden. Entscheidend ist natürlich, dass diese Angewohnheiten zum Thema Weiterbildung und den damit verbundenen Herausforderungen passen. Das ist dann auch schon alles.

Ein Beispiel dieser Angewohnheiten kann sein, dass Du jeden Sonntagmorgen die Unterlagen der Weiterbildung neu sortierst und Zusammenfassungen der Bildungseinheiten erzeugst oder erweiterst. Dadurch stellst Du sicher, dass Du eine gute Struktur in Deinen Unterlagen hast. In dem Zuge und durch die Zusammenfassungen trennst Du automatisch Wichtiges von Unwichtigem mit der Folge, dass die Integration der Weiterbildung in Deine restlichen Tätigkeiten wesentlich unkomplizierter ist.

Sicherlich fallen Dir neue Routineangewohnheiten anfangs schwerer, aber wenn Du die ersten kritischen Wochen überwunden hast, wirst Du die Angewohnheiten mühelos verinnerlicht haben. Ein Schlüssel zum Erfolg ist auch, dass Du nicht 10 neue Dinge gleichzeitig umsetzen solltest, sondern immer eine Sache nach der anderen.

Work-Life-Weiterbildung-Balance

Kernaussage 10:

Weiterbildung muss in Dein Leben integriert werden!

Die Work-Life-Balance ist ein viel diskutiertes Thema. Im Prinzip soll jeder auf ein gut ausbalanciertes Verhältnis von Arbeit- und Lebenszeit achten. Gerade bei berufsbegleitenden Weiterbildungsmaßnahmen, die mehrere Wochen, Monate oder Jahre dauern, macht es Sinn, sich ab und zu darüber Gedanken zu machen.

An wichtigster Stelle sehe ich die Familie und speziell die Kinder, insofern Du welche hast. Danach

kommt der Job, denn ohne finanzielle Geldströme wird es bekanntlich nicht einfach sein, Dein Leben zu bestreiten. Hinzu kommen Deine Gesundheit und auch Deine persönlichen Bedürfnisse. Alle Bereiche verlangen zu Recht nach regelmäßigem Ausgleich.

Am besten besprichst Du die unterschiedlichen Themen mit allen Beteiligten. Das hat den Vorteil, dass Du im Kontakt bleibst und Freunde, Familie oder auch der Arbeitgeber nachvollziehen können, wenn Du einmal einige Zeit vom Radar verschwindest oder verzögert auf Nachrichten reagierst.

Chef und Personalwesen

Dieser Absatz und der Umgang mit Deinem Chef und dem Personalwesen ist oftmals ein Kernstück zum Thema Weiterbildung. Es gibt viele Theorien bezüglich der Kommunikation mit beiden Partnern.

Generell brauchst Du niemanden von Deiner Weiterbildung informieren. Möchtest Du aber bewusst Vorteile über den Arbeitgeber in Anspruch nehmen, kommst Du um die aktive Information und Einbindung nicht herum.

Der Arbeitgeber kann Dir in vielen Bereichen unter die Arme greifen. Das kann die finanzielle Beteiligung oder Übernahme der Kosten sein, oder die Inanspruchnahme von bezahlten Weiterbildungstagen. Reduzierung der Arbeitszeit, Änderung der Anwesenheitszeiten, was auch immer Dir weiterhilft, kannst Du besprechen und nutzen.

Ich finde den Vergleich mit einem Verkaufsprozess gut geeignet.

Der schlechteste Weg, Deinen Chef und die Personalabteilung von Deiner geplanten Weiterbildung
zu überzeugen, ist die Kaltakquise. Wenn Dein
Chef vorher noch nie etwas von Deinem Vorhaben
gehört hat, stehen die Zeichen für eine Beteiligung
eher schlecht. Du solltest bei passenden Gelegen-
heiten Deine Idee schon einmal vorsichtig ansprechen und beobachten, wie Dein Chef reagiert.

Es könnte sein, dass er Deine Weiterbildung als
große Gefahr sieht. Auch bei Deinem Chef bewirkt
Dein Weiterbildungsvorhaben etwas, selbst wenn
er sich nichts anmerken lässt. Machst Du ihm mit
dem Abschluss Konkurrenz oder hast Du anschließend sogar einen höheren Bildungsabschluss als er?
Muss er sich Sorgen machen, dass Du nach der Weiterbildung für Deinen Job überqualifiziert bist, Du
die Abteilung oder die Firma wechseln könntest?
Das sind nur ein paar Gedanken, die verdeutlichen,
dass Du klar entscheiden musst, ob Du Deinen Chef
überhaupt informierst, und wenn ja, wie.

Während Deiner Verkaufsphase solltest Du Deine
Gespräche immer freundlich und bestimmt aus ei-
ner starken Position herausführen. Du hast keinen
Grund, aufdringlich oder hektisch zu sein. Wenn
Dein Chef bereits von Deiner Idee direkt von Dir
schon einmal gehört hat, kannst Du in einem ge-
planten Gespräch wesentlich detaillierter über
Deine Sicht der Dinge sprechen.

Noch besser ist es, wenn Du schon in der Vergangenheit überdurchschnittliche Ergebnisse geliefert

hast. Dann sind Deine Chancen auf die wohlwollende Beteiligung des Arbeitgebers wesentlich besser. Denn Dein Chef möchte Dich sicherlich nicht vergraulen und durch Nicht-Unterstützung verlieren. Er möchte Dir gewiss auch etwas zurückgeben, wenn Du in den Monaten vorher etwas gegeben hast.

Beachte, dass Du nicht der einzige Mitarbeiter in der Abteilung bist, sondern auch Kollegen mit unterschiedlichen Anliegen mit der Abteilungsleitung sprechen. Du musst Deinem Chef zeigen, dass Du auf jeden Fall einer derjenigen bist, der unterstützt werden soll.

Zeige Deine Ergebnisse in einer passenden Art und Weise, nicht zu aufdringlich oder protzig, aber klar und unmissverständlich. Stelle heraus, wie Deine Resultate die Erfüllung der Abteilungsziele voranbringen. Vielleicht kannst Du auch Kunden oder Mitarbeiter aus Schnittstellenabteilungen zitieren. Eine gute Vorbereitung ist dabei alles.

Wenn Du Dir im Klaren bist, was Du erreichen willst und welche Kernaussagen und Argumente Dir dabei helfen sollen, kannst Du ruhig und selbstbestimmt in die Gespräche gehen.

Nach der Weiterbildung kannst Du Dir als Dank etwas Nettes einfallen lassen. Lobe in ausgewählten Situationen die Unterstützung durch Deinen Chef oder die Personalabteilung. Oder überreiche eine kleine Aufmerksamkeit, mit der Du Dich bei Deinen Unterstützern bedankst. Damit das Ganze nicht zu aufgesetzt und schleimig wirkt, kannst Du sagen, dass Du Dich generell bei allen Helfern bedankst und Du Dein Glück gerne mit anderen teilst.

Ein guter Chef sollte erkennen, wenn er einen sehr guten Mitarbeiter hat und er in seiner Abteilung keine ausfüllende Rolle zur Verfügung stellen kann. In diesem Zuge könnte der eigene Chef auch gleichzeitig der Türöffner für höherwertigere Aufgaben in anderen Abteilungen sein. Eine ernstgemeinte Empfehlung Deiner Führungskraft gegenüber anderen Abteilungsleitern ist zweifelsfrei ein mächtiger Karriereturbo.

Das wird auch Deiner Personalabteilung nicht verborgen bleiben. Hört der Personalreferent von Deiner Empfehlung und wird dadurch auf Dich aufmerksam, bist Du bereits einen erheblichen Schritt weiter. Der Personalreferent hat üblicherweise das Problem, vakante Stellen mit Leuten zu besetzen, die zum einen fachlich und auch persönlich in das Team passen. Du bist nach einer erfolgreich abgeschlossenen Weiterbildung als zielstrebig und ergebnisorientiert bekannt. Du giltst als zuverlässig, ausdauernd, belastbar und stehst für positive Ergebnisse. Kurzum, Du hast Dir einen Namen gemacht und genießt Respekt. Das ist für das Personalwesen außerordentlich wertvoll, da es weniger Zeitaufwand und Kosten investieren muss, um offene Stellen zu besetzen. Du als guter Mitarbeiter wirst im Unternehmen gehalten – ja, das ist auch das Ziel des Personalwesens – und gleichzeitig ermöglicht Dein neu frei werdender Job wiederum die Chance, dass das Personalwesen einem anderen qualifizierten Arbeitnehmer eine Aufstiegsperspektive anbieten kann.

Gibt es erst einmal eine gute Mundpropaganda zu Deiner Person, geht es in erster Linie nicht mehr um die Höhe des Einkommens. Natürlich müssen Dein neuer Chef und das Personalwesen die Gehaltsstruktur der Abteilung im Blick haben und eine ausgewogene Bezahlung sicherstellen. Aber Du wirst im Gesamtkontext sicherlich ein gutes Standing haben.

Zeitverschwender und Zeitfresser

Kernaussage 11:

Meide alles, was Dich von der Weiterbildung ablenkt!

Wer kennt nicht die vielen kleinen Hinweise auf dem Smartphone, die geradezu um Aufmerksamkeit kämpfen.

Irgendwelche E-Mails, WhatsApp-Nachrichten, Posts von Freunden oder Kollegen zum Beispiel in Facebook, Instagram oder LinkedIn. Schalte Signaltöne am Smartphone aus. Sobald Du während einer Lernphase auch nur eine dieser Verlockungen annimmst, ist die Lerneinheit zum Scheitern verurteilt.

Ich lese diese Nachrichten nicht! Nimm Dir später im Tagesablauf Zeit dafür. Mach das zum Beispiel ½ Stunde vor oder nach der geplanten Lerneinheit. Dulde während Deiner Lerneinheit keine Leute, die nur kurz ein Thema klären wollen. Nimmst Du an, bist Du schon in die Falle getappt.

Stell Dir auch die Frage, ob Du in jeder Gruppe sein musst. Der Effekt auf Deinen Posteingang ist unter Umständen größer als Du bisher angenommen hast. Habe den Mut, aus einer Gruppe auszutreten, wenn Sie Dir absolut keine nützlichen Informationen bringt und reine Zeitverschwendung ist.

Jeder hat Aufgaben, die im Tages- oder Wochenablauf erledigt werden müssen. Überlege dir, in welchen sinnvollen Einheiten diese zusammengefasst werden können. Sammle Überweisungen oder Wäscheberge. Was immer es ist, oft ist es zeitsparend, gleiche Tätigkeiten zusammenzufassen und in einem Rutsch abzuarbeiten.

Kannst Du Aufgaben delegieren? Wenn Du jemanden in Deinem Umfeld hast, der eine Aufgabe wesentlich schneller und besser als Du erledigen kann, dann nutze diese Gelegenheit. Im Gegenzug kannst Du in Bereichen aushelfen, die Dir besonders gut liegen. Oder lade diese Person einfach zum Essen ein.

Pausen

Nimm dir bewusst Auszeiten von der Hektik des Alltags. Das sind gute Chancen, über die wesentlichen Dinge des Lebens nachzudenken und wichtige Entscheidung in Ruhe zu treffen. Oft hilft eine Pause, um den Moment zu genießen.

PAUSE!

Du solltest Deinen eigenen Rhythmus zwischen Belastung und Erholung finden. Du brauchst die angenehmen Dinge im Leben nicht komplett auf die Zeit nach der Weiterbildung zu verschieben. Das gilt insbesondere, wenn die Weiterbildung über einige Jahre geht.

Plane über das Jahr verteilt je nach Deinen individuellen finanziellen Möglichkeiten einen freien Tag im Schwimmbad oder einen kurzen Trip über zwei bis drei Tage ein. In dieser Zeit blendest Du die Weiterbildung konsequent aus. Nutze diese freie Zeit mit positiven Dingen und mach nur das, was Du tun willst. Denke dabei auch an das Beziehungskonto zu den wichtigsten Menschen. Danach kannst Du wieder gestärkt an die Herausforderung und Mehrfachbelastung herangehen.

Rückschläge und Motivationslöcher

<u>Kernaussage 12:</u>

Weiterbildung ist eine Berg-und-Tal-Fahrt!

Es gibt immer helle und dunkle Seiten. Das bleibt bei einer umfangreichen Weiterbildung nicht aus. Du entscheidest, wie Du auf die dunklen Seiten reagierst. Lese ein Motivationsbuch, nimm Dir bewusst ein oder zwei Tage nichts vor. Geh hinaus und verbringe Zeit mit positiven Menschen und hab Spaß an der Gesellschaft mit Freunden. Die hellen Momente werden zurückkommen und Du lernst mit dem Auf und Ab umzugehen. Entscheidend ist, dass Du das Ziel nie aus den Augen verlierst und den nächsten wichtigen Schritt machst.

Mach dir klar, dass es sich bei Deiner Weiterbildung wie bei einer Unternehmensgründung verhält. Zuerst zählt die Zahlungsfähigkeit. Der große Zahltag kommt erst einige Monate oder Jahre später.

Zeiten hoher Belastung

Sind gerade viele Dinge zu erledigen, solltest Du Dir bewusst Zeit nehmen, um die Punkte aufzuschreiben und zu sortieren. Darauf aufbauend kannst Du dann den nächsten Monat, die nächste

Woche und den kommenden Tag planen. Du entscheidest selbst, wie schnell und in welcher Reihenfolge Du vorangehst.

Wichtig ist, dass der Plan realistisch ist und nicht von vorherein zu viele Themen innerhalb einer Zeiteinheit beinhaltet. Sind einmal alle Arbeitspakete strukturiert, ist für dauerhafte Ordnung zu sorgen. Diese Zeiteinheiten sollen ebenfalls nicht zu kurz kommen. Bei regelmäßiger Kontrolle und mit etwas Disziplin ist es möglich, den Überblick zu behalten.

Nutze die Möglichkeit, Dinge zu delegieren. Oft sind Familie oder Freunde gerne bereit, etwas Last abzunehmen. Die Hilfe und Unterstützung können bei einer anderen Gelegenheit zurückgegeben werden. Somit zahlst Du auch in das Beziehungskonto ein, anstatt nur zu entnehmen. Das ist wichtig, damit sich hilfsbereite Menschen nicht aus Deinem Leben verabschieden.

Jeder Mensch hat Probleme. Gewinner verfallen dabei nicht in Selbstmitleid, sondern stellen sich die wie-Fragen. Formuliere das Problem und überlege, wie andere es lösen würden. Suche nach Vorbildern, die bereits ähnliche Probleme hatten und analysiere, wie diese Menschen die Situation gemeistert haben.

Kommst Du zu keinem sinnvollen Ansatz, frag einfach Freunde und Arbeitskollegen. Oftmals zeigt sich die Lösung automatisch im Gespräch.

Es gibt Dinge, die von uns nicht beeinflusst werden können. Wir sind jedoch frei in unserer Reaktion auf die äußeren Einflussgrößen. Wie wir reagieren, liegt bei uns selbst. Gewinner oder Verlierer, Macher oder Jammerer, die Entscheidung liegt bei uns.

Beziehe Deinen Partner mit ein. Viele Dinge lassen sich gemeinsam schneller und einfacher lösen. Spreche mit Deinem Vorgesetzten oder Personalreferenten, wenn es sich um berufliche Herausforderung handelt.

Ein offenes Gespräch ist meist hilfreich und vermeidet, dass Schwierigkeiten zu spät kommuniziert werden. Frühzeitige Einbindung der betroffenen Personen wird von vielen Menschen gewünscht und ist besser als irgendwann mit der schlechten Nachricht aus der Deckung herauszukommen.

Solange ein Problem nicht ausgeräumt ist, wird es uns immer schwer im Magen liegen. Die Chance in jedem Problem liegt darin, dass wir aus unserer Komfortzone herausgehen und unsere Leistungsgrenze verschieben.

Zudem kannst Du aus dem Problem für die Zukunft lernen. Wie konnte es zu dem Problem kommen? Was muss ich zukünftig unternehmen, damit diese Art von Problem nicht mehr vorkommt?

Wenn Du einmal eine Lösung für ein Problem gefunden hast, kannst Du es genauso wieder oder in ähnlicher Form in der nächsten Situation beheben. Du kannst also feststellen, dass es in Deiner Vergangenheit ebenfalls schwierige Situationen gegeben hat, die Du gemeistert hast. Schon allein dieses Bewusstsein wird dir die notwendige Kraft zur Problemlösung geben.

Die griechische Vorsilbe „eu" steht für gesund. Es gibt also gegenüber dem negativ empfundenen Stress auch den Eu-Stress, der uns geradezu zu Höchstleistungen führt.

Aufgeben ist eine Option. Allerdings nicht die beste. Wachse mit der hohen Belastung und erreiche das nächste Level.

Wenn Du in einem Motivationsloch steckst und scheinbar alles zu viel wird, hilft es, erst einmal eine Pause einzulegen. Jetzt zählt es, kurz an den Anfang zurückzuspringen. Was waren Deine ursprünglichen Ziele und die Hauptprioritäten? Verzettelst Du Dich in unnützen und nicht zielführenden Aufgaben? Setzt Du Dir jeden Affen auf die Schulter und fühlst Du Dich für alles verantwortlich? Dann schalte einen Gang zurück. Das ist sinnvoller als mit Vollgas auf die nächste Kurve zuzufahren.

Zerlege die letzten Tage in Einzelabschnitte und überlege, welche Aufgaben tatsächlich Zeitdiebe waren. Gerade in der Weiterbildungsphase ist die

Zeit kostbar und darf nicht für Nebensächliches verschwendet werden.

Du bekommst die Lage wieder in den Griff, wenn Du die nächsten Tage genauer planst. Diese fünf bis zehn Minuten werden dir viel zusätzliche Zeit in der kommenden Woche bescheren. Dabei gilt die Devise, genügend Puffer einzuplanen und bei den restlichen Punkten realistisch zu sein.

Jeden Tag musst Du mit dem Wichtigsten beginnen. Natürlich nach der Morgenroutine und sonstigen Ritualen für einen guten Start in den Tag. Danach kommt die Konzentration auf die Aufgaben mit der höchsten Priorität. Streiche alles Überflüssige.

Nach einem erfolgreichen und anstrengenden Tag ist dann auch Entspannung angesagt. Sorge für den entsprechenden Ausgleich und zahle gegebenenfalls in Beziehungskonten ein. Diese Auszeiten sind enorm wichtig, dass Du nicht irgendwann einmal ausgebrannt und krank wirst. Also gönn dir Pausen.

Genauso wichtig ist es, nach erfolgreich gemeisterten Etappen auch mal zu feiern. Genieße das Erreichte und lass die Seele baumeln.

Richtiges Lernen

Kernaussage 13:

Die richtige Lernstrategie macht Deine Weiterbildung erfolgreich!

Grundlage richtigen Lernens ist sicherlich, den Überblick über das komplette Lerngebiet zu erfassen und den Inhalt in sinnvolle Gruppen einzugliedern. Diese Gruppen müssen dann in eine zeitliche Reihenfolge gebracht werden. Hier hilft das schriftliche Festhalten oder die Visualisierung. Nach jeder Lerneinheit mit objektiver Bewertung des Wissensstands kann ein Lerngebiet nach dem anderen abgehakt werden.

Für die Lerneinheiten müssen zeitliche Blöcke in der Woche reserviert werden. Wann in der Woche und zu welcher Tageszeit diese Reservierungen liegen, ist sehr individuell. Entscheidend ist, dass die Lerneinheiten geplant werden.

Nimm bewusst Abstand zum Drumherum, schotte Dich ab und lerne in ruhiger stiller Umgebung. Sorge für ausreichendes qualitativ gutes Licht und beachte die Wirkung des Lichts auf den menschlichen Körper.

Teile jede Zeiteinheit in Lern- und Pausenblöcke ein. Ich nehme zum Beispiel einen Lernblock von 2 Stunden und beginne mit intensivem Lernen von ca. 40 Minuten, mach dann 5 – 10 Minuten Pause, in der ich irgendeine Routineaufgabe erledige. Dann folgen noch einmal 40 Minuten und 5 Minuten

Pause und anschließend 20 – 25 Minuten Wiederholung des gelernten. Notiere dir sofort unklare Themen und bespreche diese bei nächster Gelegenheit mit einem Lernpartner. Das ist die Grundlage für das Verstehen des Lerngebietes und für die Überprüfung des eigentlichen Lernfortschritts.

Bringe Lerninhalte kurz und bündig auf den Punkt. Befördere Deine klaren Gedanken auf das Papier. Denk einfach und nicht unnötig kompliziert. Die Kernaussagen eines Textes oder eines Abschnitts sollten in einem oder zwei Sätzen zusammengefasst werden können. Dadurch gewinnst Du beim Wiederholen enorm Zeit und das Wiederholen macht dabei auch Spaß.

Überlege Dir, wie Du den Inhalt zusammenfassen würdest, wenn Du zu dem Thema einen 1-minütigen Vortrag halten müsstest. Wenn Du unterschiedliche Quellen zu einem Thema hast, dann kombiniere diese Informationen zu einer Zusammenfassung in Deinen eigenen Worten.

Wenn Du an einem Thema sehr interessiert bist, und Du es auch für die Arbeit nutzen möchtest, kannst Du Deinem Dozenten anbieten, eine 5 Minuten Präsentation vor der Klasse zu halten. Das bringt Dir nebenbei auch noch positives Ansehen bei Deinem Dozenten mit gegebenenfalls wohlwollender Bewertung der nächsten Klausur.

Vermeide es, bei allen Inhalten perfekt sein zu wollen. Wenn Du einen Abschluss mit 1,0 möchtest, wirst Du jedes Thema beherrschen müssen. Meine Erfahrung ist, dass auch eine schlechtere Note in den meisten Fällen okay ist. Wenn das Zertifikat erst einmal in der Personalakte abgeheftet ist, wird es in den Folgejahren dort auch bleiben. Niemand wird sich an die Note Deiner Weiterbildung erinnern. Der Abschluss oder der erworbene Titel hat klar den Fokus.

Wenn Deine letzte Weiterbildung einige Jahre zurückliegt, macht es Sinn, wenn Du zwei oder drei verschiedene Lernmethoden ausprobierst. Du merkst dann, welche Methode Dir am meisten Spaß macht und zugleich produktiv ist. Diese Methode kannst Du dann vertiefen und optimieren, bis Du die bestmögliche Effektivität erreicht hast.

Behalte den Überblick

Eine wichtige Botschaft ist, alles Unnötige wegzuwerfen. Das ist definitiv ein wertvoller Schritt, um Ordnung in das Chaos zu bringen. Den verbleibenden Papier- oder Datenkram kannst Du dann nach erfolgreichen Prinzipien strukturieren und ablegen. Aber zu Beginn ist speziell für den Start in die geordnete Zukunft das Wegwerfen von nicht benötigten Unterlagen notwendig.

Wenn Du einmal an den Punkt ankommst, bei dem Dich alle Unterlagen erschlagen und Du keinen Überblick mehr hast, hilft nur noch radikales Ausmisten. Alles was nicht benötigt wird, wird weggeworfen, der Rest zu Gruppen gegliedert und sortiert.

Dabei musst Du vor allen Dingen konsequent sein. Entscheide Dich dafür oder dagegen, ob etwas von Bedeutung ist. Der Graubereich dazwischen sollte möglichst nicht vorhanden sein. Und wenn Du Dich tatsächlich von etwas nicht trennen kannst, dann sammle es in einer Kiste. Diese Kiste wird mit einem finalen Wegwerfdatum versehen. Wenn Du es bis zu diesem Zeitpunkt nicht benötigst: Werfe es endgültig weg.

Der Aufräumvorgang ist besonders effektiv, wenn Du einen entscheidungsfreudigen Zeitraum nutzt, und dann das Aufräumen in einem Vorgang komplett bis zum Ende durchziehst. Das kann bei einer überschaubaren Thematik zum Beispiel nur eine Stunde für ein Fach sein. Wenn sich mehr angehäuft hat, kann dieses Aufräumen auch ein Wochenende in Anspruch nehmen. Am Ende wirst Du immer mit dem guten Gefühl belohnt, wieder Herr der Lage zu sein.

Also besser einmal richtig gut ausmisten und aufräumen als mehrmals nur halbherzig.

Wenn Du ausmistest, ist es wichtig, alle Notizen, Fachbücher, elektronische Unterlagen zu sammeln und dann aufzuräumen. Räum besser ein Fachgebiet nach dem anderen auf, anstatt alle Ordner auszumisten. Danach alle Dateien und anschließend alle Sprachnotizen usw. Es ist kein Problem, wenn Du Papier- und elektronische Unterlagen gleichzeitig verwendest. Du kannst auf Deinem PC oder sonst wo einen Ordner anlegen, der genau den gleichen Namen wie das Thema hat. Dann kannst Du schnell alle benötigten Informationen zu einem Fachgebiet auffinden und auch neu kombinierte Zusammenfassungen entsprechend ablegen, ganz gleich, ob Du lieber ein Schreibprogramm oder handschriftliche Zusammenfassungen bevorzugst.

Wenn Du einmal alle Unterlagen sortiert hast, ist eiserne Disziplin gefragt. Kommt Neues hinzu, legst Du es in der entsprechenden Gruppe ab. Nimmst

Du Unterlagen heraus, legst Du sie anschließend wieder am Ablageort ab. Das ist nicht schwer, Du musst es nur konsequent machen!

Wenn Du Probleme beim Starten hast, dann stelle Dir die schlanken ausgemisteten Ordner in Deinem Regal vor. Kein Durcheinander mehr, keine losen Blätter. Alles ist perfekt zugeordnet sortiert und schnell auffindbar.

Was tun, wenn nicht klar ist, ob eine Unterlage für den nächsten Test benötigt wird? Entscheide nach Deinem Gefühl und hab Mut zur Lücke. Falls Du Dir dennoch nicht sicher bist, frag Deine Mitstreiter oder direkt den Dozenten. Sei dabei ehrlich zu Dir selbst. Liest Du den aufgehobenen Artikel später noch einmal zur Klausurvorbereitung durch? Weniger ist oft mehr. Besser den wesentlichen Stoff gut beherrschen, als viel Stoff nur halb richtig im Hinterkopf zu haben.

Stelle beim Aufräumen alles aufrecht nebeneinander. Stapelst Du alle Bücher übereinander, müssen diese erst angehoben werden, bevor Du das zweite Buch von unten herausziehen möchtest.

Ich persönlich bevorzuge es, alles auf losen Blättern mitzuschreiben oder alle Unterlagen in losen Blättern zu erhalten. So kannst Du in Ringordnern alles themenzentriert sammeln und strukturieren. Wenn Du nur einen Ausschnitt oder einen Themenbereich für die Arbeit oder den nächsten Test benötigst, nimmst Du nur diesen Teil aus dem Ordner und hast ihn an all Deinen Lieblingsorten zum Lernen dabei, zum Beispiel beim nächsten Wochenendtrip mit dem Partner oder den Freunden. So kannst Du Dir jeden Tag eine 1-Stunden Lerneinheit ermöglichen und den Rest der Zeit mit Deinen Liebsten verbringen. Es bleibt kein Lebensbereich auf der Strecke und Du hast das gute Gefühl, beides unter den Hut zu bringen.

Wenn am Ende der Aufräumphase wieder alles seinen Platz hat, überkommt Dich automatisch das gute Gefühl, Dich wieder an den Wohlfühlplatz zu setzen und die nächste Lerneinheit anzugehen.

Wichtig ist auch, dass jedes Familienmitglied seinen eigenen Ablagebereich hat. So ist sichergestellt, dass keine Unterlagen durcheinanderkommen. Gerade mit schulpflichtigen Kindern im Haus kann da schnell etwas Unordnung entstehen.

Positiver Nebeneffekt ist, dass der Nachwuchs an diese klare Trennung und Ordnung herangeführt wird. Das hilft den Kleinen, später sinnvolle Strukturen in die Schul- und Weiterbildungsunterlagen zu bringen.

Bei aller Liebe zum Detail beim Aufräumen muss sichergestellt werden, dass das Ablagesystem sehr einfach ist. Das Auffinden und auch das Zurücklegen von Unterlagen müssen ohne Nachdenken durchführbar sein.

Bevor Du Dir neue Bücher, Fachzeitschriften usw. kaufst: Beschaffe die Dinge nur, wenn Du sie auch

wirklich gleich nach dem Kauf liest und durcharbei-
test. Ansonsten bist Du auf dem besten Weg, un-
nütze Platzfresser anzuhäufen.

Zuletzt kann ein aufgeräumter Arbeitsplatz auch
zum Familienfrieden beitragen. Die Arbeitsecke
sieht ordentlich aus. Das Saubermachen wird für
Dich und alle anderen erleichtert. Ein Grund weniger, manchmal mit dem Partner anzuecken.

Klare Strukturen, klare Gedanken.

Finanzierung und Förderung

Kernaussage 14:
Weiterbildung wird enorm gefördert!

Weiterbildungen, Bücher und Seminare kosten meistens Geld. Ich sehe diese Kosten allerdings als die sinnvollste Investition in die Zukunft. Es wird viel über die finanzielle Freiheit gesprochen. Um dies zu erreichen, ist Disziplin und ein durchdachter Umgang mit Deinem Geld notwendig. Die Empfehlung, monatlich einen Mindestprozentsatz von 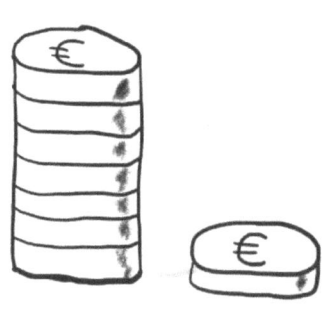 Deinem Gehalt zur Seite zu legen und nach unterschiedlichen Modellen zu investieren, setzt auch eine dauerhafte Erhöhung des Einkommens voraus. Nur dann wird aus anfänglich kleinen Beträgen im Verlauf der Jahre eine beachtliche Summe, die monatlich investiert werden kann.

Damit das monatliche Einkommen erhöht wird, musst Du bessere Ergebnisse erzielen, andere höherwertige Aufgaben übernehmen und positiv abschließen. Das noch nicht vorhandene Wissen dazu findest Du in Sachbüchern oder in Weiterbildungsmodulen. So wie Dein Geld durch den Zinseszins für Dich arbeitet, wird auch Dein neu erworbenes Wissen für Dich arbeiten. Mit jeder Gehalterhöhung kannst Du somit Deine Investi   tionssumme erhöhen. Nimm einen Teil davon zur Seite und investiere in die nächste Weiterbildung! So kannst Du realistisch das Spiel des lebenslangen Lernens gestalten und in das wertvollste im Leben investieren, in Dich selbst!

Entscheide für Dich, ab jetzt monatlich einen festen Betrag für Deine Weiterbildungen zur Seite zu legen. Spare diesen Betrag bereits am Monatsanfang und eröffne dazu ein separates Weiterbildungskonto. Lass den Sparbeitrag automatisiert von Deinem Konto abbuchen.

Durch den Arbeitgeber

Jedes Unternehmen hat ein Budget für Weiterbildung der Mitarbeiter. Die Mitarbeiter sind der wichtigste Baustein für ein erfolgreiches Bestehen in der Marktwirtschaft. Demnach ist es im Sinne des Personalreferenten, des Personalchefs oder des Unternehmers, geeignete Mitarbeiter zu fördern. Bei diesem Punkt gibt es in der Praxis immer einige Kollegen, die nörgeln und der Meinung sind, dass das Unternehmen keine Weiterbildung fördert und unterstützt.

Ich gebe nicht so viel auf derartige Aussagen. Die Förderung bekommen natürlich die richtigen Mitarbeiter. Das sind die, die täglich engagiert und mit Freude zur Arbeit kommen, die sich für die Arbeitsthemen verantwortlich fühlen und Eigeninitiative ergreifen. Jeder, der sich auf einem Gebiet spezialisieren oder für abteilungsübergreifende Aufgaben qualifizieren möchte, ist prinzipiell gerne gesehen.

Natürlich gibt es finanzielle Rahmenbedingungen, und extrem kostenintensive oder mehrmals hintereinander folgende Weiterbildungen werden geprüft und gegebenenfalls verschoben oder nicht genehmigt. Generell hilft vorher das Gespräch mit dem Gruppen- oder Abteilungsleiter. Wenn dieser von der Weiterbildungsmaßnahme allgemein überzeugt ist, ist das positive Gespräch mit dem Personalreferenten schon fast sicher.

An dieser Stelle möchte ich kurz ein paar Umsetzungsmöglichkeiten darstellen.

Bei der Arbeitgeberförderung können die kompletten Kosten übernommen werden. Das kann die Freistellung während der Arbeitszeit, die Möglichkeit der Nutzung eines Firmenwagens oder die Übernahme der Übernachtungskosten beinhalten.

Wird die komplette Maßnahme vom Arbeitgeber finanziert und gleichzeitig eine bestimmte Summe überschritten, verlangt der Arbeitgeber oft eine Gegenleistung. Wenn eine Weiterbildung zum Beispiel 10.000 € kostet, kann der Arbeitgeber vorschlagen, die Kosten über einen Verbleib nach Abschluss der Maßnahme zu kombinieren. Hier sind 24 oder 36 Monate durchaus üblich. Sind die 24 Monate erreicht, kann der Arbeitnehmer die Firma ohne Rückzahlung verlassen. Mit jedem Monat nach Abschluss verringert sich der Rückzahlungswert um 1/24. Das bedeutet, wenn Du nach 6 Monaten nach Abschluss der Maßnahme die Firma verlässt, musst Du 18/24 der Kosten an den Arbeitgeber zurückzahlen. Diese Regelung finde ich sehr fair. Wenn Du sowieso nicht planst, die Firma zu verlassen, kann das ein guter Vorschlag in der Verhandlungsphase sein.

Bildungsurlaub

In den meisten Bundesländern besteht ein gesetzlicher Anspruch auf Bildungsurlaub. Mit Stand 2019 gibt es in 14 von 16 Bundesländern in Deutschland diese Möglichkeit. Der Arbeitnehmer erhält die bezahlte Freistellung, trägt jedoch die Weiterbildungskosten selbst. Üblicherweise stehen jedem 5 freie Tage pro Jahr zu. Auch die Kombinationsmöglichkeit aus zwei Jahren besteht, so dass innerhalb von 2 Jahren dann 10 Tage freigenommen werden können.

Zudem gibt es noch über branchenspezifische Tarife die Möglichkeit für Sonderurlaub. Das ist zum

Beispiel bei der IG Metall der Fall. Sprich einfach euren Betriebsrat an. Die Kollegen dort helfen Dir in der Regel gerne weiter. Wenn Du Mitglied der Gewerkschaft bist, ist die direkte Nachfrage bei der Gewerkschaft ebenfalls empfehlenswert.

Förderung durch die Bundesregierung

Zur Förderung des beruflichen Aufstiegs gibt es das Aufstiegs-Bafög. Hier sind Aufstiegsfortbildungen gemeint, die einen höherwertigeren Abschluss zur Folge haben. Nach der Ausbildung kann das zum Beispiel die Ausbildung zum Meister, Techniker oder zum Betriebswirt sein. Die aktuellen Bedingungen sind im Zweifelsfall zu prüfen. Oft werden Mindestunterrichtsstunden von 400 Einheiten und eine abgeschlossene Berufsausbildung vorausgesetzt. Die Fördersumme hat eine Höchstgrenze, zum Beispiel 15.000 €, und wird als Mix aus zinsgünstigen Darlehen und einem prozentualen Zuschuss, der nicht zurückgezahlt werden muss, gewährt.

Aufstiegsstipendium

Bei diesem Modell gibt es weitere Rahmenbedingungen, die zu erfüllen sind. Es werden eine Berufsausbildung oder eine Aufstiegsfortbildung mit einer guten Abschlussnote (von zum Beispiel 1,9) vorausgesetzt. Die Fördergelder können dann für ein erstes Studium an einer staatlichen oder staatlich anerkannten Hochschule verwendet werden. Vollzeitstudierende können so auf circa 800 € monatliche Förderung kommen. Berufsbegleitend sind runde 2.400 € jährlich über die vorgesehene Regelstudienzeit möglich.

Weiterbildungsstipendium

Speziell für Fachkräfte bis 24 Jahre mit abgeschlossener Berufsausbildung und guten Abschlussnoten wird die fachgebundene Weiterbildung (zum Meister als Beispiel) gefördert. Das Stipendium wird auf 3 Jahre verteilt und es werden bis zu 7.200 € für mehrere förderfähige Weiterbildungen gewährleistet. Der Eigenanteil beträgt 10 Prozent. Der Kauf eines Computers zum Beispiel kann dabei separat gefördert werden.

Weiter gibt es noch Bildungsgutscheine und diverse Bildungsprämien sowie Förderungen durch die einzelnen Bundesländer. Ich gehe in diesem Buch nicht auf alle Fördermöglichkeiten ein. Vielmehr soll es dir nur den Anstoß geben, alle Möglichkeiten nachzufragen und zu recherchieren, um dann die aktuellen Bedingungen zu erfahren und mögliche Förderungen in Anspruch zu nehmen.

Durch die Steuererklärung hat jeder die Möglichkeit, einen Teil der gesamten Weiterbildungskosten zurückzuerhalten. Voraussetzung ist natürlich, dass man seine Steuererklärung einreicht. Wenn die Weiterbildung im beruflichen Zusammenhang steht, ist die Förderung häufig nur Formsache.

Der Steuerberater braucht dazu einige Hintergrundinformationen und alle Rechnungen und Belege. Sammle alle Gebühren der Maßnahme, Kosten der Verpflegung und Übernachtung, Fachbücher, Kopierkosten, Ausgaben für Fachliteratur und auch Kreditkosten. Die Aufwände werden über die Anlage N angegeben und über die Werbungskosten in unbegrenzter Höhe eingereicht.

Vorbilder und Mitstreiter

Kernaussage 15:

Vorbilder und Mitstreiter geben Deiner Weiterbildung Halt!

Wenn Du mit dem Gedanken spielst, Dich weiterzubilden, suche Dir Vorbilder, die bereits einen ähnlichen Weg gegangen sind. Da Du diese Zeilen hier liest, hast Du bereits diese Möglichkeit genutzt. Ich schreibe hier über meine umfangreichen jahrzehntelangen Erfahrungen in den unterschiedlichsten Weiterbildungsinstituten, von der klassischen Berufsausbildung, über die Industrie- und Handelskammer oder der staatlichen Technikerschule bis hin zur Hochschule.

Je nachdem welche Weiterbildung für Dich in die engere Auswahl kommt, findest Du sicherlich Menschen, die diese Einrichtung bereits besucht haben. Generell kennt man immer Menschen, die bereits eine Weiterbildung erfolgreich gemeistert haben. Sprich einfach mit den Menschen. Die meisten sind stolz auf ihr Erreichtes und geben gerne ihre Erfahrungen weiter. Mit jeder Begegnung wird sich Dein Bild verfeinern und festigen. Der Weg wird immer klarer und die Aufgabe verliert ihren Schrecken. Die Entscheidung zur Weiterbildung, das Ja, fällt zu einem bestimmten Zeitpunkt ganz einfach.

Wichtig ist, dass Du nur Menschen fragst, die die Weiterbildung erfolgreich bestanden haben. Alle anderen ziehen Dich eher herunter und teilen Dir mit, was sie getan – oder nicht getan – haben, damit sie den erfolgreichen Abschluss nicht erreicht haben. Wenn Du mit Menschen sprichst, die die Weiterbildung nicht zu Ende gebracht haben, könntest Du im Umkehrschluss ableiten, was Du anders machen musst. Das erzählen Dir die Erfolgreichen aber auch, ohne dass Du die negativen Zwischenzeilen der nicht Erfolgreichen anhörst.

Spare Dir die Gespräche mit Leuten, die immer nur reden, ohne zu handeln. Das sind die, die am Ende ohne zusätzliche Zertifikate dastehen. Geh mit den Menschen, die Optimisten sind. Mit Persönlichkeiten, die Spaß haben bei der freiwilligen Einheit, die den Unterschied zur Durchschnittlichkeit macht.

Cristiano Ronaldo ist einer der besten Fußballer der Welt, eben weil er als erster auf dem Trainingsplatz steht und als letzter das Kraftstudio verlässt. Nur, das sehen viele Menschen einfach nicht. Erfolgreiche Menschen werden Dich ermutigen und fordern. Lass Dich dadurch positiv beeinflussen.

Halte Ausschau nach Kollegen und Bekannten, die ebenfalls mit ihrer aktuellen beruflichen Situation nicht zufrieden sind, die genauso den Drang zur Weiterbildung haben. Bildet eine Allianz oder macht eine sportliche Herausforderung aus den verschiedenen Weiterbildungsvorhaben. Vielleicht findest Du auf Anhieb jemanden, der die gleiche Weiterbildung anstrebt oder schon immer einmal machen wollte und ihr geht gemeinsam diesen wunderbaren Weg.

Die ungeschönte Wahrheit

Weiterbildung ist harte Arbeit, die Disziplin und Ausdauer erfordert. Es werden zeitliche Probleme auftauchen, die gerade vor Prüfungen oder Klausuren als Stress bemerkbar sein werden. Dazu kommen Meinungsverschiedenheiten mit dem Partner,

den Kindern oder anderen wichtigen Menschen in Deinem Leben.

Behalte einen kühlen Kopf. Verletze Deine Liebsten nicht. Mach Dir klar, dass auf die finstere Nacht immer ein sonniger Morgen folgt. Vielleicht nicht gleich morgen, aber er wird kommen. Mit dieser Einstellung und mit diesem Grundgedanken im Herzen hast Du die richtige Basis, gemeinsam mit Deinen Mitmenschen zu einem erfolgreichen Abschluss zu kommen!

Deutscher Qualifikationsrahmen

Kernaussage 16:

Weiterbildung und DQR sind direkt proportional!

Der deutsche Qualifikationsrahmen (DQR) für lebenslanges Lernen ist an den Rahmen des europäischen Qualifikationsrahmen angelehnt. Der Qualifikationsrahmen beschreibt die unterschiedlichen Qualifikationen in einem Bildungssystem. Durch Niveaus wird die Qualifikation eines Inhabers derart dargestellt, dass ersichtlich ist, wie die Fähigkeiten und Kenntnisse zueinander gewichtet sind.

Das Wissen und Können aus der schulischen und der beruflichen Bildung wird beim DQR in 8 verschiedene Niveaus eingeteilt.

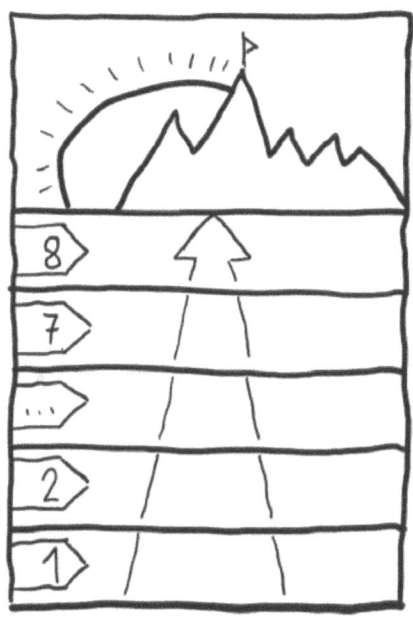

Niveau 1

beschreibt Kompetenzen zur Erfüllung einfacher Anforderungen in einem überschaubar und stabil strukturierten Lern- oder Arbeitsbereich. Die Erfüllung der Aufgaben erfolgt unter Anleitung.

Niveau 2

beschreibt Kompetenzen zur fachgerechten Erfüllung grundlegender Anforderungen in einem überschaubar und stabil strukturierten Lern- oder Arbeitsbereich. Die Erfüllung der Aufgaben erfolgt weitgehend unter Anleitung.

Niveau 3

beschreibt Kompetenzen zur selbständigen Erfüllung fachlicher Anforderungen in einem noch überschaubaren und zum Teil offen strukturierten Lernbereich oder beruflichen Tätigkeitsfeld.

Das entspricht z.B. dem Abschluss einer 2-jährigen dualen Berufsausbildung.

Niveau 4

beschreibt Kompetenzen zur selbständigen Planung und Bearbeitung fachlicher Aufgabenstellungen in einem umfassenden, sich verändernden Lernbereich oder beruflichen Tätigkeitsfeld.

Das entspricht z.B. dem Abschluss einer 3- und 3,5-jährigen dualen Berufsausbildung.

Niveau 5

beschreibt Kompetenzen zur selbständigen Planung und Bearbeitung umfassender fachlicher Aufgabenstellungen in einem komplexen, spezialisierten, sich verändernden Lernbereich oder beruflichen Tätigkeitsfeld.

Das entspricht dem Abschluss zum zertifizierten IT-Spezialisten und zum geprüften Servicetechniker.

Niveau 6

beschreibt Kompetenzen zur Planung, Bearbeitung und Auswertung von umfassenden fachlichen Aufgaben- und Problemstellungen sowie zur eigenverantwortlichen Steuerung von Prozessen in Teilbereichen eines wissenschaftlichen Faches oder in einem beruflichen Tätigkeitsfeld. Die Anforderungsstruktur ist durch Komplexität und häufige Veränderungen gekennzeichnet.

An dieser Stelle wird es schon interessant. Oft wird in Stellenausschreibungen ein erster akademischer

Grad gefordert. Wie zum Beispiel der Bachelor. Interessant ist hierbei, dass der geprüfte Fachkaufmann, der Fachwirt, der Meister oder auch der staatlich geprüfte Techniker ebenfalls auf dem Niveau 6 angesiedelt sind!

Niveau 7

beschreibt Kompetenzen zur Bearbeitung von neuen komplexen Aufgaben- und Problemstellungen, sowie zur eigenverantwortlichen Steuerung von Prozessen in einem wissenschaftlichen Fach, oder in einem strategieorientierten beruflichen Tätigkeitsfeld. Die Anforderungsstruktur ist durch häufige und unvorhersehbare Veränderungen gekennzeichnet.

Der Master-Abschluss wird hier genannt. Ich habe auch schon Beschreibungen gesehen, in denen der technische Betriebswirt der IHK ebenfalls dem Niveau 7 zugeordnet wird.

Niveau 8

beschreibt Kompetenzen zur Gewinnung von Forschungserkenntnissen in einem wissenschaftlichen Fach oder zur Entwicklung innovativer Lösungen und Verfahren in einem beruflichen Tätigkeitsfeld. Die Anforderungsstruktur ist durch neuartige und unklare Problemlagen gekennzeichnet.

Das ist die Promotion und diese Stufe darf sich zurecht Doktor nennen.

Ich habe den DQR in dieses Buch mit aufgenommen, da ich vor vielen Jahren durch Zufall darauf gestoßen bin. Seitdem hat mich der Verweis auf den DQR und die Vergleichbarkeit der Abschlüsse in vielen Personalgesprächen unterstützt. Es gibt tatsächlich Führungskräfte, die davon noch nie etwas gehört haben und denken, dass nur akademische Grade für herausragende Kenntnisse und Fähigkeiten stehen.

Dieses Denken finde ich abgehoben und engstirnig. Es geht um Handlungsfähigkeit in bestimmten beruflichen Situationen. Aus meiner Sicht ist jede Abteilung und die Erfüllung der Abteilungsaufgabe sehr individuell und jeder Chef ist gut beraten, ein ausgewogenes Team an Mitarbeitern zur Zielerreichung zusammenzustellen. Für mich bedeutet das eine sinnvolle Zusammenstellung aus Hochschulabsolventen und eher praktisch veranlagten Mitarbeitern, die sich nach der Ausbildung spezifisches Wissen angeeignet haben.

Die Einordnung einer Weiterbildung kann beim Bundesministerium für Bildung und Forschung nachgesehen werden.

Was kommt dann?

Du hast gerade eine Weiterbildung abgeschlossen und fragst Dich: Was hat das gebracht und was kommt jetzt? Auf diese Frage gibt es nur die Antwort, die auch im Fußball oder allgemein im Sport gültig ist.

Nach dem Spiel ist vor dem Spiel. Genieße den Erfolg, unternimm Dinge, die zuletzt aus zeitlichen Gründen nicht möglich waren, und halte Ausschau nach der nächsten Weiterbildung!

Erfolg

Kernaussage 17:

Weiterbildung macht Dich erfolgreich!

Erfolg kommt nicht von ungefähr. Um dauerhaft erfolgreich zu sein, benötigt man Durchhaltevermögen.

Selbstverständlich darf man nach einer erfolgreichen Weiterbildung mit gesundem Selbstbewusstsein auftreten und auch über den Erfolg sprechen. Allerdings liegt die Verlockung nahe, dass man zu übertrieben und überheblich auftritt.

Pass auf, dass Du keine falschen Signale sendest, die bei anderen negativ interpretiert werden. Natürlich gibt es sicherlich einige flapsigen Bemerkungen von anderen, die etwas unter die Gürtellinie gehen können. In diesem Fall hilft es, sich kurz in die andere Person hineinzuversetzen, um zu verstehen, warum manche Kommentare abgegeben werden. Denke einfach an Dein Warum bezüglich der Weiterbildung zurück. Vielleicht versteckt sich hinter den Masken nur Angst, Neid oder das Bewusstsein der eigenen Schwäche und Entscheidungsunfähigkeit.

Bedenke, dass Perfektion durchaus kalt wirken kann. Berichtest Du allerdings mit Leidenschaft von dem Weg zum Erfolg, können andere absolut angezogen werden und Dein Netzwerk kann sich erweitern.

Wie haben Kollegen Ihre Erfolge gefeiert? Vielleicht kannst Du etwas Ähnliches tun, die Dinge kombinieren oder etwas Besonderes planen und durchführen.

Du hast nach der Weiterbildung einen weiteren Meilenstein Deines Lebensweges erreicht. Aus dieser Position heraus kannst Du nun die Wirkung angehen, die Du Dir von der Weiterbildungsmaßnahme erwartet hast.

Die Übernahme wichtiger Aufgaben, der Jobwechsel oder das aufgehängte Zertifikat an der Wand, um Deinen neuen Status zu symbolisieren. Egal was, jetzt ist die Zeit zum Ernten gekommen.

Falls die Weiterbildung nur ein Zwischenschritt auf Deinem Weg zu größeren Zielen ist, kannst Du die nächsten Schritte mit voller Energie einleiten und auf den Weg bringen.

Es kann auch sein, dass sich Deine Ziele verändert haben und die Teilschritte aktualisiert werden müssen. Ändere, wenn Änderungen notwendig sind, und gehe auch soweit, dass Du nachgelagerte Folgeschritte gegebenenfalls durch andere Optionen ersetzt.

Deine Mitmenschen müssen nicht unbedingt von Deinem Erfolg etwas mitbekommen. Auf jeden Fall werden sie die positive Weiterentwicklung Deiner Persönlichkeit bemerken!

Entgeltentwicklung durch Weiterbildung

Kernaussage 18:

Weiterbildung ermöglicht Dir enorme Entgeltsteigerungen!

Ein Nebeneffekt oder eines Deiner Hauptziele ist sicherlich auch die Entgeltentwicklung. Machen wir uns nichts vor, bei all den Anstrengungen und Überlegungen, warum eine Weiterbildung sinnvoll ist, kann jeder noch ein paar Euro zusätzlich gebrauchen.

Im Normalfall kannst Du nach der Weiterbildung irgendetwas besser oder etwas Neues. Sei Dir im Klaren, dass Du bessere Ergebnisse lieferst und eine angemessenere Bezahlung dafür selbstverständlich ist.

Natürlich solltest Du jetzt nicht überheblich polternd durch die Firma gehen, sondern höflich und bestimmt mit Deinem Chef die besseren Arbeitsergebnisse besprechen und die Möglichkeiten einer Einkommensverbesserung erörtern. Das muss nicht zwangsläufig immer mehr Geld sein. Mobiltelefon, Notebook, Finanzierung der nächsten Weiterbildung sind nur ein paar Beispiele, die entsprechende Wertschätzung Deines Arbeitsgebers ausdrücken können.

Hinweis an dieser Stelle: Bei einer Entgeltverhandlung würde ich immer das jährliche Bruttoentgelt verhandeln. Die individuellen Leistungszulagen und das Weihnachts- und Urlaubsgeld sind nicht zu verachtende Entgeltbestandteile. Zudem muss immer die vereinbarte Wochenstundenarbeitszeit beachtet werden. Es macht einen Unterschied von noch einmal 14%, ob 35 Stunden oder 40 Stunden pro Woche zu dem Bruttoentgelt vereinbart werden.

Wissenstransfer

Kernaussage 19:

Deine Weiterbildung hilft auch anderen!

Wenn Du mit Deinen Kollegen ein gutes Verhältnis hast, oder mit Deinem Team gemeinsam vorankommen willst, kannst Du einzelne Inhalte aus Deiner Weiterbildung aufbereiten und im Rahmen einer Informations- oder Schulungsveranstaltung präsentieren.

Das hat den Vorteil, dass Du nicht als Einzelgänger oder ellenbogenausfahrender Karrierist giltst, sondern als Teamplayer anerkannt wirst.

In der Industrie wird meistens einmal jährlich ein Leistungsbeurteilungsgespräch geführt. Einer der Punkte ist dabei, ob Du Wissen gut in die Arbeitsaufgabe einbringst und dieses Wissen an Kollegen weitergibst. Hier schließt sich wieder der Kreis bezüglich Deines Ansehens bei Deinem Chef und der monatlichen Vergütung Deiner Arbeitsleistung.

Wenn Du zum Beispiel zwei Schulungen pro Jahr für interessierte Kollegen ausarbeitest und durchführst, kannst Du das als belegbare Argumente für eine bessere Bewertung dieser Punkte im Beurteilungsbogen anführen. Dein Chef wird hierzu wenig entgegenzusetzen haben.

Weiter kannst Du jüngeren Kollegen mit Rat und Tat bei entsprechenden Inhalten unter die Arme greifen. Folgt jemand Deinem Weg und nimmt an einer ähnlichen Weiterbildung teil, wird teilweise ein Projektbetreuer gesucht. Das ist eine hervorragende Gelegenheit, um sich anzubieten und anderen zu helfen. Gleichzeitig übernimmst Du aktiv Führungsverantwortung und stärkst diese Fähigkeit. Du bist quasi Ratgeber und Trainer in einem.

Potential abrufen

Kernaussage 20:

Weiterbildung muss transformiert werden!

Was nutzt der beste Abschluss, wenn Du Deine Fähigkeiten nicht abrufst. Je nachdem, wie Du Dich verändert hast und neue Herausforderungen vor Dir liegen, musst Du Dein Wissen oder Deine neuen Fähigkeiten nutzen.

Nichts ist schlimmer, als die Transformation in die tägliche Praxis oder die nächste strategische Anforderung nicht umzusetzen.

Mach Dir bewusst, dass Du gewachsen bist, dass Du mehr kannst oder mehr weißt. Vielleicht ist vor Dir eine Situation, die Du beim letzten Mal nicht erfolgreich beenden konntest.

Nehmen wir zum Beispiel das Endspiel in der Champions League beim Fußball im Jahr 1999. Der FC Bayern München führt kurz vor Schluss 1:0. Manchester United schießt in den letzten Spielminuten zwei Tore und gewinnt die Champions League. Einige der Spieler hatten zwei Jahre später die Möglichkeit zur Rehabilitation. 2001 gewinnt Bayern gegen Valencia. Punkt 1 ist, dass sich einige Spieler wieder dieser Herausforderung gestellt haben. Punkt 2 ist, dass die Erfahrung der Niederlage vorher genutzt und auf die neue Situation übertragen wurde.

Aus fast jeder Weiterbildungsmaßnahme leitet sich ein neues Netzwerk ab. Ob jetzt einer oder mehrere Mitstreiter auch zukünftig zu Deinem Netzwerk zählen, ist nicht entscheidend. Qualität und Freundschaft geht hier sicherlich vor Quantität.

Weiterbildungswegweiser, die Firma

Ich habe in den letzten Jahren immer öfter daran gedacht, eine Firma zu gründen, mein Hobby zum Beruf zu machen. 2019 habe ich dann das Unternehmen *Weiterbildungswegweiser* gegründet.

Dieses Buch ist das erste Produkt meiner Firma. Das Buch wird in mindestens 2 verschiedenen Versionen erscheinen.

Version 1 ist die normale Version. Version 2 enthält ein Zusatzkapitel mit detaillierter Schritt-für-Schritt Beschreibung, wie Du in Deinem Berufsleben circa 1 Mio. Euro zusätzlich durch Weiterbildung verdienen kannst.

Im World-Wide-Web ist meine Internetseite „weiterbildungswegweiser.de" zu finden. Hier kannst Du weitere Informationen oder hilfreiche Ratschläge erhalten. Ich freue mich, wenn Du in Facebook, YouTube und Instagram ab und zu bei mir vorbeischaust.

Falls wir uns einmal auf einem meiner Seminare sehen, begrüßen wir uns selbstverständlich per Du!

* ENDE *

Kernaussagen zur Weiterbildung

Kernaussage 1:

Weiterbildung ist der Weg zur Freiheit!

Kernaussage 2:

Weiterbildung ist die Grundlage zur Erfüllung Deiner Lebensziele!

Kernaussage 3:

Durch Weiterbildung wächst Du in allen Lebensbereichen!

Kernaussage 4:

Weiterbildung gibt Dir Sicherheit!

Kernaussage 5:

Mit Weiterbildung nutzt Du Deine Zeit sinnvoll!

Kernaussage 6:

Ja zur Weiterbildung ist die richtige Entscheidung!

Kernaussage 7:

Melde Dich einfach zur Weiterbildung an!

Kernaussage 8:

Weiterbildung hilft Dir, Dich zu positionieren!

Kernaussage 9:

Weiterbildung muss im Fokus stehen!

Kernaussage 10:

Weiterbildung muss in Dein Leben integriert werden!

Kernaussage 11:

Meide alles, was Dich von der Weiterbildung ablenkt!

Kernaussage 12:

Weiterbildung ist eine Berg-und-Tal-Fahrt!

Kernaussage 13:

Die richtige Lernstrategie macht Deine Weiterbildung erfolgreich!

Kernaussage 14:

Weiterbildung wird enorm gefördert!

Kernaussage 15:

Vorbilder und Mitstreiter geben Deiner Weiterbildung Halt!

Kernaussage 16:

Weiterbildung und DQR sind direkt proportional!

Kernaussage 17:

Weiterbildung macht Dich erfolgreich!

Kernaussage 18:

Weiterbildung ermöglicht Dir enorme Entgeltsteigerungen!

Kernaussage 19:

Deine Weiterbildung hilft auch anderen!

Kernaussage 20:

Weiterbildung muss transformiert werden!

Leitfragen auf dem Weg zur Freiheit

Kernaussage 1:

Weiterbildung ist der Weg zur Freiheit!

Was bedeutet für Dich Freiheit?

Kernaussage 2:

Weiterbildung ist die Grundlage zur Erfüllung Deiner Lebensziele!

<u>Was sind Deine Lebensziele?</u>

Kernaussage 3:

Durch Weiterbildung wächst Du in allen Lebensbereichen!

<u>Welche Lebensbereiche sind Dir wichtig?</u>

Kernaussage 4:

Weiterbildung gibt Dir Sicherheit!

<u>Was bedeutet für Dich Sicherheit?</u>

Kernaussage 5:

Mit Weiterbildung nutzt Du Deine Zeit sinnvoll!

<u>Womit verschwendest Du Zeit?</u>

Kernaussage 6:

Ja zur Weiterbildung ist die richtige Entscheidung!

<u>Was spricht für die Weiterbildung?</u>

Kernaussage 7:

Melde Dich einfach zur Weiterbildung an!

<u>Was ist für die Anmeldung notwendig?</u>

Kernaussage 8:

Weiterbildung hilft Dir, Dich zu positionieren!

Worin möchtest Du besonders gut sein?

Kernaussage 9:

Weiterbildung muss im Fokus stehen!

<u>Was steht bei Dir im Mittelpunkt?</u>

Kernaussage 10:

Weiterbildung muss in Dein Leben integriert werden!

Was ist Dir wichtig im Leben?

Kernaussage 11:

Meide alles, was Dich von der Weiterbildung ablenkt!

Was sind Deine Zeitfresser?

Kernaussage 12:

Weiterbildung ist eine Berg-und-Tal-Fahrt!

Wie hast Du schwierige Zeiten gemeistert?

Kernaussage 13:

Die richtige Lernstrategie macht Deine Weiterbildung erfolgreich!

<u>Wie, wo und wann lernst Du am besten?</u>

Kernaussage 14:

Weiterbildung wird enorm gefördert!

Wer kann Dich unterstützen?

Kernaussage 15:

Vorbilder und Mitstreiter geben Deiner Weiterbildung Halt!

Wer begleitet Dich auf Deinem Weg?

Kernaussage 16:

Weiterbildung und DQR sind direkt proportional!

Welches Niveau möchtest Du erreichen?

Kernaussage 17:

Weiterbildung macht Dich erfolgreich!

Was bedeutet für Dich Erfolg?

Kernaussage 18:

Weiterbildung ermöglicht Dir enorme Entgeltsteigerungen!

Welche Entgeltsumme macht Dich frei?

Kernaussage 19:

Deine Weiterbildung hilft auch anderen!

Was möchtest Du weitergeben?

Kernaussage 20:

Weiterbildung muss transformiert werden!

Wie kannst Du Dein Wissen anwenden?

Literaturhinweise und Quellen

Seit einigen Jahren lese ich verschiedene Bücher aus allen Lebensbereichen. In jedem gelesenen Buch sind Kernaussagen ableitbar und beeinflussen natürlich die eigene Entwicklung. **Ich möchte hiermit allen Autoren und Internetseiten – die sicherlich den ein oder anderen Gedanken in diesem Buch mit beeinflusst haben - Dank aussprechen** und gleichzeitig Euch Hinweise auf Bücher geben, die ich zur Vertiefung oder allgemeinen Weiterbildung empfehlen kann.

Internetseiten

https://www.test.de/Leitfaden-Weiterbildung-finanzieren-Weiterbildung-zahlt-sich-aus-4886405-0/

www.aufstiegs-bafoeg.de

www.aufstiegsstipendium.de

https://www.sbb-stipendien.de/weiterbildungs-stipendium.html

https://www.dqr.de/content/2315.php

https://www.dqr.de/content/2316.php?LANG=DEU&PID=5#qs-result

https://www.igmetall-bayern.de/metall-elektro/

https://www.sueddeutsche.de/thema/Weiterbildung

https://de.wikipedia.org/wiki/Erwachsenen-
_und_Weiterbildung

Bücher

Brand, Willemien, (2017), *Visual Doing*, Amsterdam: BIS Publishers

Brand, Willemien, (2017), *Visual Thinking*, Amsterdam: BIS Publishers

Ferriss, Timothy, (2015), *Die 4-Stunden Woche*, Berlin: Ullstein Buchverlage GmbH

Kahn, Oliver, (2008), *Ich. Erfolg kommt von Innen*, München: riva Verlag

Keller, Gary und Papasan, Jay, (2017), *The One Thing*, München: Redline Verlag

Klußmann, Thomas und Ahlers, Sascha, (kein Datum), *Das Taschenbuch für Gründer*, kein Ort: Gründer.de GmbH

Kondo, Marie, (2013), *Magic Cleaning*, Reinbek bei Hamburg: Rowohlt Taschenbuch Verlag

Kreuter, Dirk, (kein Datum), *Entscheidung: Erfolg*, Bochum: Bestseller Verlag GmbH

Küstenmacher, Werner Tiki mit Seiwert, Lothar J., (2008), *simplify your life*, München: Knaur Taschenbuch

Neumann, Artur, (kein Datum), *Endlich Experte*, Düsseldorf: Buchkodex

Newport, Cal, (2017), *Konzentriert arbeiten*, München: Redline Verlag

Pease, Allan und Barbara, (2018), *Wie Du kriegst, was du brauchst, wenn Du weißt, was Du willst?*, Berlin: Ullstein Buchverlage GmbH

Schäfer, Bodo, (2003), *Die Gesetze der Gewinner*, Frankfurt am Main: dtv

Schäfer, Bodo, (2003), *Der Weg zur finanziellen Freiheit*, Frankfurt am Main: Campus Verlag GmbH

Seiwert, Lothar, (2005), *Die Bären Strategie*, Kreuzlingen/München: Heinrich Hugendubel Verlag

Zeitfracht Medien GmbH
Ferdinand-Jühlke-Straße 7
99095 Erfurt, Deutschland
produktsicherheit@kolibri360.de